Awesome Golfer Details

Name:

Address:

Email:

Phone:

NOTES

START TIME		END TIME		DATE	

COURSE NAME		YARDAGE	
WEATHER		TEMPERATURE	
LOCATION		PAR	
HANDICAP		TEES	
PLAYERS			

FRONT 9

HOLES	PAR	DRIVE	FAIRWAY	PUTTS	HAZARD	YARDAGE	STROKES
1							
2							
3							
4							
5							
6							
7							
8							
9							
TOTAL							

BACK 9

1							
2							
3							
4							
5							
6							
7							
8							
9							
TOTAL							
GRAND TOTAL							

ALBATROSS	EAGLES	BIRDIES	PARS	BOGEYS	DOUBLES	TRIPLES

NOTES

START TIME		END TIME		DATE	

COURSE NAME		YARDAGE	
WEATHER		TEMPERATURE	
LOCATION		PAR	
HANDICAP		TEES	
PLAYERS			

FRONT 9

HOLES	PAR	DRIVE	FAIRWAY	PUTTS	HAZARD	YARDAGE	STROKES
1							
2							
3							
4							
5							
6							
7							
8							
9							
TOTAL							

BACK 9

1							
2							
3							
4							
5							
6							
7							
8							
9							
TOTAL							
GRAND TOTAL							

ALBATROSS	EAGLES	BIRDIES	PARS	BOGEYS	DOUBLES	TRIPLES

NOTES

START TIME		END TIME		DATE	

COURSE NAME		YARDAGE	
WEATHER		TEMPERATURE	
LOCATION		PAR	
HANDICAP		TEES	
PLAYERS			

FRONT 9

HOLES	PAR	DRIVE	FAIRWAY	PUTTS	HAZARD	YARDAGE	STROKES
1							
2							
3							
4							
5							
6							
7							
8							
9							
TOTAL							

BACK 9

1							
2							
3							
4							
5							
6							
7							
8							
9							
TOTAL							
GRAND TOTAL							

ALBATROSS	EAGLES	BIRDIES	PARS	BOGEYS	DOUBLES	TRIPLES

NOTES

START TIME		END TIME		DATE	

COURSE NAME		YARDAGE	
WEATHER		TEMPERATURE	
LOCATION		PAR	
HANDICAP		TEES	
PLAYERS			

FRONT 9

HOLES	PAR	DRIVE	FAIRWAY	PUTTS	HAZARD	YARDAGE	STROKES
1							
2							
3							
4							
5							
6							
7							
8							
9							
TOTAL							

BACK 9

1							
2							
3							
4							
5							
6							
7							
8							
9							
TOTAL							
GRAND TOTAL							

ALBATROSS	EAGLES	BIRDIES	PARS	BOGEYS	DOUBLES	TRIPLES

NOTES

START TIME		END TIME		DATE	

COURSE NAME		YARDAGE	
WEATHER		TEMPERATURE	
LOCATION		PAR	
HANDICAP		TEES	
PLAYERS			

FRONT 9

HOLES	PAR	DRIVE	FAIRWAY	PUTTS	HAZARD	YARDAGE	STROKES
1							
2							
3							
4							
5							
6							
7							
8							
9							
TOTAL							

BACK 9

1							
2							
3							
4							
5							
6							
7							
8							
9							
TOTAL							
GRAND TOTAL							

ALBATROSS	EAGLES	BIRDIES	PARS	BOGEYS	DOUBLES	TRIPLES

NOTES

START TIME		END TIME		DATE	

COURSE NAME		YARDAGE	
WEATHER		TEMPERATURE	
LOCATION		PAR	
HANDICAP		TEES	
PLAYERS				

FRONT 9

HOLES	PAR	DRIVE	FAIRWAY	PUTTS	HAZARD	YARDAGE	STROKES
1							
2							
3							
4							
5							
6							
7							
8							
9							
TOTAL							

BACK 9

1							
2							
3							
4							
5							
6							
7							
8							
9							
TOTAL							
GRAND TOTAL							

ALBATROSS	EAGLES	BIRDIES	PARS	BOGEYS	DOUBLES	TRIPLES

NOTES

START TIME		END TIME		DATE	

COURSE NAME		YARDAGE	
WEATHER		TEMPERATURE	
LOCATION		PAR	
HANDICAP		TEES	
PLAYERS			

FRONT 9

HOLES	PAR	DRIVE	FAIRWAY	PUTTS	HAZARD	YARDAGE	STROKES
1							
2							
3							
4							
5							
6							
7							
8							
9							
TOTAL							

BACK 9

	PAR	DRIVE	FAIRWAY	PUTTS	HAZARD	YARDAGE	STROKES
1							
2							
3							
4							
5							
6							
7							
8							
9							
TOTAL							
GRAND TOTAL							

ALBATROSS	EAGLES	BIRDIES	PARS	BOGEYS	DOUBLES	TRIPLES

NOTES

START TIME		END TIME		DATE	

COURSE NAME		YARDAGE	
WEATHER		TEMPERATURE	
LOCATION		PAR	
HANDICAP		TEES	
PLAYERS			

FRONT 9

HOLES	PAR	DRIVE	FAIRWAY	PUTTS	HAZARD	YARDAGE	STROKES
1							
2							
3							
4							
5							
6							
7							
8							
9							
TOTAL							

BACK 9

HOLES	PAR	DRIVE	FAIRWAY	PUTTS	HAZARD	YARDAGE	STROKES
1							
2							
3							
4							
5							
6							
7							
8							
9							
TOTAL							
GRAND TOTAL							

ALBATROSS	EAGLES	BIRDIES	PARS	BOGEYS	DOUBLES	TRIPLES

NOTES

START TIME		END TIME		DATE	

COURSE NAME		YARDAGE	
WEATHER		TEMPERATURE	
LOCATION		PAR	
HANDICAP		TEES	
PLAYERS			

FRONT 9

HOLES	PAR	DRIVE	FAIRWAY	PUTTS	HAZARD	YARDAGE	STROKES
1							
2							
3							
4							
5							
6							
7							
8							
9							
TOTAL							

BACK 9

1							
2							
3							
4							
5							
6							
7							
8							
9							
TOTAL							
GRAND TOTAL							

ALBATROSS	EAGLES	BIRDIES	PARS	BOGEYS	DOUBLES	TRIPLES

NOTES

START TIME		END TIME		DATE	

COURSE NAME		YARDAGE	
WEATHER		TEMPERATURE	
LOCATION		PAR	
HANDICAP		TEES	
PLAYERS			

FRONT 9

HOLES	PAR	DRIVE	FAIRWAY	PUTTS	HAZARD	YARDAGE	STROKES
1							
2							
3							
4							
5							
6							
7							
8							
9							
TOTAL							

BACK 9

1							
2							
3							
4							
5							
6							
7							
8							
9							
TOTAL							
GRAND TOTAL							

ALBATROSS	EAGLES	BIRDIES	PARS	BOGEYS	DOUBLES	TRIPLES

NOTES

START TIME		END TIME		DATE	

COURSE NAME		YARDAGE	
WEATHER		TEMPERATURE	
LOCATION		PAR	
HANDICAP		TEES	
PLAYERS			

FRONT 9

HOLES	PAR	DRIVE	FAIRWAY	PUTTS	HAZARD	YARDAGE	STROKES
1							
2							
3							
4							
5							
6							
7							
8							
9							
TOTAL							

BACK 9

1							
2							
3							
4							
5							
6							
7							
8							
9							
TOTAL							
GRAND TOTAL							

ALBATROSS	EAGLES	BIRDIES	PARS	BOGEYS	DOUBLES	TRIPLES

NOTES

START TIME		END TIME		DATE	

COURSE NAME		YARDAGE	
WEATHER		TEMPERATURE	
LOCATION		PAR	
HANDICAP		TEES	
PLAYERS			

FRONT 9

HOLES	PAR	DRIVE	FAIRWAY	PUTTS	HAZARD	YARDAGE	STROKES
1							
2							
3							
4							
5							
6							
7							
8							
9							
TOTAL							

BACK 9

1							
2							
3							
4							
5							
6							
7							
8							
9							
TOTAL							
GRAND TOTAL							

ALBATROSS	EAGLES	BIRDIES	PARS	BOGEYS	DOUBLES	TRIPLES

NOTES

START TIME		END TIME		DATE	

COURSE NAME		YARDAGE	
WEATHER		TEMPERATURE	
LOCATION		PAR	
HANDICAP		TEES	
PLAYERS			

FRONT 9

HOLES	PAR	DRIVE	FAIRWAY	PUTTS	HAZARD	YARDAGE	STROKES
1							
2							
3							
4							
5							
6							
7							
8							
9							
TOTAL							

BACK 9

	PAR	DRIVE	FAIRWAY	PUTTS	HAZARD	YARDAGE	STROKES
1							
2							
3							
4							
5							
6							
7							
8							
9							
TOTAL							
GRAND TOTAL							

ALBATROSS	EAGLES	BIRDIES	PARS	BOGEYS	DOUBLES	TRIPLES

NOTES

START TIME		END TIME		DATE	

COURSE NAME		YARDAGE	
WEATHER		TEMPERATURE	
LOCATION		PAR	
HANDICAP		TEES	
PLAYERS			

FRONT 9

HOLES	PAR	DRIVE	FAIRWAY	PUTTS	HAZARD	YARDAGE	STROKES
1							
2							
3							
4							
5							
6							
7							
8							
9							
TOTAL							

BACK 9

1							
2							
3							
4							
5							
6							
7							
8							
9							
TOTAL							
GRAND TOTAL							

ALBATROSS	EAGLES	BIRDIES	PARS	BOGEYS	DOUBLES	TRIPLES

NOTES

START TIME		END TIME		DATE	

COURSE NAME		YARDAGE	
WEATHER		TEMPERATURE	
LOCATION		PAR	
HANDICAP		TEES	
PLAYERS			

FRONT 9

HOLES	PAR	DRIVE	FAIRWAY	PUTTS	HAZARD	YARDAGE	STROKES
1							
2							
3							
4							
5							
6							
7							
8							
9							
TOTAL							

BACK 9

HOLES	PAR	DRIVE	FAIRWAY	PUTTS	HAZARD	YARDAGE	STROKES
1							
2							
3							
4							
5							
6							
7							
8							
9							
TOTAL							
GRAND TOTAL							

ALBATROSS	EAGLES	BIRDIES	PARS	BOGEYS	DOUBLES	TRIPLES

NOTES

START TIME		END TIME		DATE	

COURSE NAME		YARDAGE	
WEATHER		TEMPERATURE	
LOCATION		PAR	
HANDICAP		TEES	
PLAYERS			

FRONT 9

HOLES	PAR	DRIVE	FAIRWAY	PUTTS	HAZARD	YARDAGE	STROKES
1							
2							
3							
4							
5							
6							
7							
8							
9							
TOTAL							

BACK 9

	PAR	DRIVE	FAIRWAY	PUTTS	HAZARD	YARDAGE	STROKES
1							
2							
3							
4							
5							
6							
7							
8							
9							
TOTAL							
GRAND TOTAL							

ALBATROSS	EAGLES	BIRDIES	PARS	BOGEYS	DOUBLES	TRIPLES

NOTES

| START TIME | | END TIME | | DATE | |

COURSE NAME		YARDAGE	
WEATHER		TEMPERATURE	
LOCATION		PAR	
HANDICAP		TEES	
PLAYERS			

FRONT 9

HOLES	PAR	DRIVE	FAIRWAY	PUTTS	HAZARD	YARDAGE	STROKES
1							
2							
3							
4							
5							
6							
7							
8							
9							
TOTAL							

BACK 9

1							
2							
3							
4							
5							
6							
7							
8							
9							
TOTAL							
GRAND TOTAL							

ALBATROSS	EAGLES	BIRDIES	PARS	BOGEYS	DOUBLES	TRIPLES

NOTES

START TIME		END TIME		DATE	

COURSE NAME		YARDAGE	
WEATHER		TEMPERATURE	
LOCATION		PAR	
HANDICAP		TEES	
PLAYERS			

FRONT 9

HOLES	PAR	DRIVE	FAIRWAY	PUTTS	HAZARD	YARDAGE	STROKES
1							
2							
3							
4							
5							
6							
7							
8							
9							
TOTAL							

BACK 9

	PAR	DRIVE	FAIRWAY	PUTTS	HAZARD	YARDAGE	STROKES
1							
2							
3							
4							
5							
6							
7							
8							
9							
TOTAL							
GRAND TOTAL							

ALBATROSS	EAGLES	BIRDIES	PARS	BOGEYS	DOUBLES	TRIPLES

NOTES

START TIME		END TIME		DATE	

COURSE NAME		YARDAGE	
WEATHER		TEMPERATURE	
LOCATION		PAR	
HANDICAP		TEES	
PLAYERS			

FRONT 9

HOLES	PAR	DRIVE	FAIRWAY	PUTTS	HAZARD	YARDAGE	STROKES
1							
2							
3							
4							
5							
6							
7							
8							
9							
TOTAL							

BACK 9

HOLES	PAR	DRIVE	FAIRWAY	PUTTS	HAZARD	YARDAGE	STROKES
1							
2							
3							
4							
5							
6							
7							
8							
9							
TOTAL							
GRAND TOTAL							

ALBATROSS	EAGLES	BIRDIES	PARS	BOGEYS	DOUBLES	TRIPLES

NOTES

START TIME		END TIME		DATE	

COURSE NAME		YARDAGE	
WEATHER		TEMPERATURE	
LOCATION		PAR	
HANDICAP		TEES	
PLAYERS			

FRONT 9

HOLES	PAR	DRIVE	FAIRWAY	PUTTS	HAZARD	YARDAGE	STROKES
1							
2							
3							
4							
5							
6							
7							
8							
9							
TOTAL							

BACK 9

1							
2							
3							
4							
5							
6							
7							
8							
9							
TOTAL							
GRAND TOTAL							

ALBATROSS	EAGLES	BIRDIES	PARS	BOGEYS	DOUBLES	TRIPLES

NOTES

START TIME		END TIME		DATE	

COURSE NAME		YARDAGE	
WEATHER		TEMPERATURE	
LOCATION		PAR	
HANDICAP		TEES	
PLAYERS			

FRONT 9

HOLES	PAR	DRIVE	FAIRWAY	PUTTS	HAZARD	YARDAGE	STROKES
1							
2							
3							
4							
5							
6							
7							
8							
9							
TOTAL							

BACK 9

	PAR	DRIVE	FAIRWAY	PUTTS	HAZARD	YARDAGE	STROKES
1							
2							
3							
4							
5							
6							
7							
8							
9							
TOTAL							
GRAND TOTAL							

ALBATROSS	EAGLES	BIRDIES	PARS	BOGEYS	DOUBLES	TRIPLES

NOTES

START TIME		END TIME		DATE	

COURSE NAME		YARDAGE	
WEATHER		TEMPERATURE	
LOCATION		PAR	
HANDICAP		TEES	
PLAYERS			

FRONT 9

HOLES	PAR	DRIVE	FAIRWAY	PUTTS	HAZARD	YARDAGE	STROKES
1							
2							
3							
4							
5							
6							
7							
8							
9							
TOTAL							

BACK 9

HOLES	PAR	DRIVE	FAIRWAY	PUTTS	HAZARD	YARDAGE	STROKES
1							
2							
3							
4							
5							
6							
7							
8							
9							
TOTAL							
GRAND TOTAL							

ALBATROSS	EAGLES	BIRDIES	PARS	BOGEYS	DOUBLES	TRIPLES

NOTES

START TIME		END TIME		DATE	

COURSE NAME		YARDAGE	
WEATHER		TEMPERATURE	
LOCATION		PAR	
HANDICAP		TEES	
PLAYERS			

FRONT 9

HOLES	PAR	DRIVE	FAIRWAY	PUTTS	HAZARD	YARDAGE	STROKES
1							
2							
3							
4							
5							
6							
7							
8							
9							
TOTAL							

BACK 9

1							
2							
3							
4							
5							
6							
7							
8							
9							
TOTAL							
GRAND TOTAL							

ALBATROSS	EAGLES	BIRDIES	PARS	BOGEYS	DOUBLES	TRIPLES

NOTES

START TIME		END TIME		DATE	

COURSE NAME		YARDAGE	
WEATHER		TEMPERATURE	
LOCATION		PAR	
HANDICAP		TEES	
PLAYERS			

FRONT 9

HOLES	PAR	DRIVE	FAIRWAY	PUTTS	HAZARD	YARDAGE	STROKES
1							
2							
3							
4							
5							
6							
7							
8							
9							
TOTAL							

BACK 9

	PAR	DRIVE	FAIRWAY	PUTTS	HAZARD	YARDAGE	STROKES
1							
2							
3							
4							
5							
6							
7							
8							
9							
TOTAL							
GRAND TOTAL							

ALBATROSS	EAGLES	BIRDIES	PARS	BOGEYS	DOUBLES	TRIPLES

NOTES

START TIME		END TIME		DATE	

COURSE NAME		YARDAGE	
WEATHER		TEMPERATURE	
LOCATION		PAR	
HANDICAP		TEES	
PLAYERS			

FRONT 9

HOLES	PAR	DRIVE	FAIRWAY	PUTTS	HAZARD	YARDAGE	STROKES
1							
2							
3							
4							
5							
6							
7							
8							
9							
TOTAL							

BACK 9

	PAR	DRIVE	FAIRWAY	PUTTS	HAZARD	YARDAGE	STROKES
1							
2							
3							
4							
5							
6							
7							
8							
9							
TOTAL							
GRAND TOTAL							

ALBATROSS	EAGLES	BIRDIES	PARS	BOGEYS	DOUBLES	TRIPLES

NOTES

START TIME		END TIME		DATE	

COURSE NAME		YARDAGE	
WEATHER		TEMPERATURE	
LOCATION		PAR	
HANDICAP		TEES	
PLAYERS			

FRONT 9

HOLES	PAR	DRIVE	FAIRWAY	PUTTS	HAZARD	YARDAGE	STROKES
1							
2							
3							
4							
5							
6							
7							
8							
9							
TOTAL							

BACK 9

	PAR	DRIVE	FAIRWAY	PUTTS	HAZARD	YARDAGE	STROKES
1							
2							
3							
4							
5							
6							
7							
8							
9							
TOTAL							
GRAND TOTAL							

ALBATROSS	EAGLES	BIRDIES	PARS	BOGEYS	DOUBLES	TRIPLES

NOTES

START TIME		END TIME		DATE	

COURSE NAME		YARDAGE	
WEATHER		TEMPERATURE	
LOCATION		PAR	
HANDICAP		TEES	
PLAYERS			

FRONT 9

HOLES	PAR	DRIVE	FAIRWAY	PUTTS	HAZARD	YARDAGE	STROKES
1							
2							
3							
4							
5							
6							
7							
8							
9							
TOTAL							

BACK 9

1							
2							
3							
4							
5							
6							
7							
8							
9							
TOTAL							
GRAND TOTAL							

ALBATROSS	EAGLES	BIRDIES	PARS	BOGEYS	DOUBLES	TRIPLES

NOTES

START TIME		END TIME		DATE	

COURSE NAME		YARDAGE	
WEATHER		TEMPERATURE	
LOCATION		PAR	
HANDICAP		TEES	
PLAYERS			

FRONT 9

HOLES	PAR	DRIVE	FAIRWAY	PUTTS	HAZARD	YARDAGE	STROKES
1							
2							
3							
4							
5							
6							
7							
8							
9							
TOTAL							

BACK 9

1							
2							
3							
4							
5							
6							
7							
8							
9							
TOTAL							
GRAND TOTAL							

ALBATROSS	EAGLES	BIRDIES	PARS	BOGEYS	DOUBLES	TRIPLES

NOTES

START TIME		END TIME		DATE	

COURSE NAME		YARDAGE	
WEATHER		TEMPERATURE	
LOCATION		PAR	
HANDICAP		TEES	
PLAYERS			

FRONT 9

HOLES	PAR	DRIVE	FAIRWAY	PUTTS	HAZARD	YARDAGE	STROKES
1							
2							
3							
4							
5							
6							
7							
8							
9							
TOTAL							

BACK 9

1							
2							
3							
4							
5							
6							
7							
8							
9							
TOTAL							
GRAND TOTAL							

ALBATROSS	EAGLES	BIRDIES	PARS	BOGEYS	DOUBLES	TRIPLES

NOTES

START TIME		END TIME		DATE	

COURSE NAME		YARDAGE	
WEATHER		TEMPERATURE	
LOCATION		PAR	
HANDICAP		TEES	
PLAYERS			

FRONT 9

HOLES	PAR	DRIVE	FAIRWAY	PUTTS	HAZARD	YARDAGE	STROKES
1							
2							
3							
4							
5							
6							
7							
8							
9							
TOTAL							

BACK 9

1							
2							
3							
4							
5							
6							
7							
8							
9							
TOTAL							
GRAND TOTAL							

ALBATROSS	EAGLES	BIRDIES	PARS	BOGEYS	DOUBLES	TRIPLES

NOTES

START TIME		END TIME		DATE	

COURSE NAME		YARDAGE	
WEATHER		TEMPERATURE	
LOCATION		PAR	
HANDICAP		TEES	
PLAYERS			

FRONT 9

HOLES	PAR	DRIVE	FAIRWAY	PUTTS	HAZARD	YARDAGE	STROKES
1							
2							
3							
4							
5							
6							
7							
8							
9							
TOTAL							

BACK 9

1							
2							
3							
4							
5							
6							
7							
8							
9							
TOTAL							
GRAND TOTAL							

ALBATROSS	EAGLES	BIRDIES	PARS	BOGEYS	DOUBLES	TRIPLES

NOTES

START TIME		END TIME		DATE	

COURSE NAME		YARDAGE	
WEATHER		TEMPERATURE	
LOCATION		PAR	
HANDICAP		TEES	
PLAYERS			

FRONT 9

HOLES	PAR	DRIVE	FAIRWAY	PUTTS	HAZARD	YARDAGE	STROKES
1							
2							
3							
4							
5							
6							
7							
8							
9							
TOTAL							

BACK 9

1							
2							
3							
4							
5							
6							
7							
8							
9							
TOTAL							
GRAND TOTAL							

ALBATROSS	EAGLES	BIRDIES	PARS	BOGEYS	DOUBLES	TRIPLES

NOTES

START TIME		END TIME		DATE	

COURSE NAME		YARDAGE	
WEATHER		TEMPERATURE	
LOCATION		PAR	
HANDICAP		TEES	
PLAYERS			

FRONT 9

HOLES	PAR	DRIVE	FAIRWAY	PUTTS	HAZARD	YARDAGE	STROKES
1							
2							
3							
4							
5							
6							
7							
8							
9							
TOTAL							

BACK 9

HOLES	PAR	DRIVE	FAIRWAY	PUTTS	HAZARD	YARDAGE	STROKES
1							
2							
3							
4							
5							
6							
7							
8							
9							
TOTAL							
GRAND TOTAL							

ALBATROSS	EAGLES	BIRDIES	PARS	BOGEYS	DOUBLES	TRIPLES

NOTES

START TIME		END TIME		DATE	

COURSE NAME		YARDAGE	
WEATHER		TEMPERATURE	
LOCATION		PAR	
HANDICAP		TEES	
PLAYERS			

FRONT 9

HOLES	PAR	DRIVE	FAIRWAY	PUTTS	HAZARD	YARDAGE	STROKES
1							
2							
3							
4							
5							
6							
7							
8							
9							
TOTAL							

BACK 9

1							
2							
3							
4							
5							
6							
7							
8							
9							
TOTAL							
GRAND TOTAL							

ALBATROSS	EAGLES	BIRDIES	PARS	BOGEYS	DOUBLES	TRIPLES

NOTES

START TIME		END TIME		DATE	

COURSE NAME		YARDAGE	
WEATHER		TEMPERATURE	
LOCATION		PAR	
HANDICAP		TEES	
PLAYERS			

FRONT 9

HOLES	PAR	DRIVE	FAIRWAY	PUTTS	HAZARD	YARDAGE	STROKES
1							
2							
3							
4							
5							
6							
7							
8							
9							
TOTAL							

BACK 9

1							
2							
3							
4							
5							
6							
7							
8							
9							
TOTAL							
GRAND TOTAL							

ALBATROSS	EAGLES	BIRDIES	PARS	BOGEYS	DOUBLES	TRIPLES

NOTES

START TIME		END TIME		DATE	

COURSE NAME		YARDAGE	
WEATHER		TEMPERATURE	
LOCATION		PAR	
HANDICAP		TEES	
PLAYERS			

FRONT 9

HOLES	PAR	DRIVE	FAIRWAY	PUTTS	HAZARD	YARDAGE	STROKES
1							
2							
3							
4							
5							
6							
7							
8							
9							
TOTAL							

BACK 9

1							
2							
3							
4							
5							
6							
7							
8							
9							
TOTAL							
GRAND TOTAL							

ALBATROSS	EAGLES	BIRDIES	PARS	BOGEYS	DOUBLES	TRIPLES

NOTES

START TIME		END TIME		DATE	

COURSE NAME		YARDAGE	
WEATHER		TEMPERATURE	
LOCATION		PAR	
HANDICAP		TEES	
PLAYERS			

FRONT 9

HOLES	PAR	DRIVE	FAIRWAY	PUTTS	HAZARD	YARDAGE	STROKES
1							
2							
3							
4							
5							
6							
7							
8							
9							
TOTAL							

BACK 9

	PAR	DRIVE	FAIRWAY	PUTTS	HAZARD	YARDAGE	STROKES
1							
2							
3							
4							
5							
6							
7							
8							
9							
TOTAL							
GRAND TOTAL							

ALBATROSS	EAGLES	BIRDIES	PARS	BOGEYS	DOUBLES	TRIPLES

NOTES

START TIME		END TIME		DATE	

COURSE NAME		YARDAGE	
WEATHER		TEMPERATURE	
LOCATION		PAR	
HANDICAP		TEES	
PLAYERS			

FRONT 9

HOLES	PAR	DRIVE	FAIRWAY	PUTTS	HAZARD	YARDAGE	STROKES
1							
2							
3							
4							
5							
6							
7							
8							
9							
TOTAL							

BACK 9

	PAR	DRIVE	FAIRWAY	PUTTS	HAZARD	YARDAGE	STROKES
1							
2							
3							
4							
5							
6							
7							
8							
9							
TOTAL							
GRAND TOTAL							

ALBATROSS	EAGLES	BIRDIES	PARS	BOGEYS	DOUBLES	TRIPLES

NOTES

START TIME		END TIME		DATE	

COURSE NAME		YARDAGE	
WEATHER		TEMPERATURE	
LOCATION		PAR	
HANDICAP		TEES	
PLAYERS			

FRONT 9

HOLES	PAR	DRIVE	FAIRWAY	PUTTS	HAZARD	YARDAGE	STROKES
1							
2							
3							
4							
5							
6							
7							
8							
9							
TOTAL							

BACK 9

HOLES	PAR	DRIVE	FAIRWAY	PUTTS	HAZARD	YARDAGE	STROKES
1							
2							
3							
4							
5							
6							
7							
8							
9							
TOTAL							
GRAND TOTAL							

ALBATROSS	EAGLES	BIRDIES	PARS	BOGEYS	DOUBLES	TRIPLES

NOTES

START TIME		END TIME		DATE	

COURSE NAME		YARDAGE	
WEATHER		TEMPERATURE	
LOCATION		PAR	
HANDICAP		TEES	
PLAYERS			

FRONT 9

HOLES	PAR	DRIVE	FAIRWAY	PUTTS	HAZARD	YARDAGE	STROKES
1							
2							
3							
4							
5							
6							
7							
8							
9							
TOTAL							

BACK 9

	PAR	DRIVE	FAIRWAY	PUTTS	HAZARD	YARDAGE	STROKES
1							
2							
3							
4							
5							
6							
7							
8							
9							
TOTAL							
GRAND TOTAL							

ALBATROSS	EAGLES	BIRDIES	PARS	BOGEYS	DOUBLES	TRIPLES

NOTES

START TIME		END TIME		DATE	

COURSE NAME		YARDAGE	
WEATHER		TEMPERATURE	
LOCATION		PAR	
HANDICAP		TEES	
PLAYERS			

FRONT 9

HOLES	PAR	DRIVE	FAIRWAY	PUTTS	HAZARD	YARDAGE	STROKES
1							
2							
3							
4							
5							
6							
7							
8							
9							
TOTAL							

BACK 9

	PAR	DRIVE	FAIRWAY	PUTTS	HAZARD	YARDAGE	STROKES
1							
2							
3							
4							
5							
6							
7							
8							
9							
TOTAL							
GRAND TOTAL							

ALBATROSS	EAGLES	BIRDIES	PARS	BOGEYS	DOUBLES	TRIPLES

NOTES

START TIME		END TIME		DATE	

COURSE NAME		YARDAGE	
WEATHER		TEMPERATURE	
LOCATION		PAR	
HANDICAP		TEES	
PLAYERS			

FRONT 9

HOLES	PAR	DRIVE	FAIRWAY	PUTTS	HAZARD	YARDAGE	STROKES
1							
2							
3							
4							
5							
6							
7							
8							
9							
TOTAL							

BACK 9

1							
2							
3							
4							
5							
6							
7							
8							
9							
TOTAL							
GRAND TOTAL							

ALBATROSS	EAGLES	BIRDIES	PARS	BOGEYS	DOUBLES	TRIPLES

NOTES

START TIME		END TIME		DATE	

COURSE NAME		YARDAGE	
WEATHER		TEMPERATURE	
LOCATION		PAR	
HANDICAP		TEES	
PLAYERS			

FRONT 9

HOLES	PAR	DRIVE	FAIRWAY	PUTTS	HAZARD	YARDAGE	STROKES
1							
2							
3							
4							
5							
6							
7							
8							
9							
TOTAL							

BACK 9

HOLES	PAR	DRIVE	FAIRWAY	PUTTS	HAZARD	YARDAGE	STROKES
1							
2							
3							
4							
5							
6							
7							
8							
9							
TOTAL							
GRAND TOTAL							

ALBATROSS	EAGLES	BIRDIES	PARS	BOGEYS	DOUBLES	TRIPLES

NOTES

START TIME		END TIME		DATE	

COURSE NAME		YARDAGE	
WEATHER		TEMPERATURE	
LOCATION		PAR	
HANDICAP		TEES	
PLAYERS			

FRONT 9

HOLES	PAR	DRIVE	FAIRWAY	PUTTS	HAZARD	YARDAGE	STROKES
1							
2							
3							
4							
5							
6							
7							
8							
9							
TOTAL							

BACK 9

HOLES	PAR	DRIVE	FAIRWAY	PUTTS	HAZARD	YARDAGE	STROKES
1							
2							
3							
4							
5							
6							
7							
8							
9							
TOTAL							
GRAND TOTAL							

ALBATROSS	EAGLES	BIRDIES	PARS	BOGEYS	DOUBLES	TRIPLES

NOTES

START TIME		END TIME		DATE	

COURSE NAME		YARDAGE	
WEATHER		TEMPERATURE	
LOCATION		PAR	
HANDICAP		TEES	
PLAYERS			

FRONT 9

HOLES	PAR	DRIVE	FAIRWAY	PUTTS	HAZARD	YARDAGE	STROKES
1							
2							
3							
4							
5							
6							
7							
8							
9							
TOTAL							

BACK 9

	PAR	DRIVE	FAIRWAY	PUTTS	HAZARD	YARDAGE	STROKES
1							
2							
3							
4							
5							
6							
7							
8							
9							
TOTAL							
GRAND TOTAL							

ALBATROSS	EAGLES	BIRDIES	PARS	BOGEYS	DOUBLES	TRIPLES

NOTES

START TIME		END TIME		DATE	

COURSE NAME		YARDAGE	
WEATHER		TEMPERATURE	
LOCATION		PAR	
HANDICAP		TEES	
PLAYERS			

FRONT 9

HOLES	PAR	DRIVE	FAIRWAY	PUTTS	HAZARD	YARDAGE	STROKES
1							
2							
3							
4							
5							
6							
7							
8							
9							
TOTAL							

BACK 9

1							
2							
3							
4							
5							
6							
7							
8							
9							
TOTAL							
GRAND TOTAL							

ALBATROSS	EAGLES	BIRDIES	PARS	BOGEYS	DOUBLES	TRIPLES

NOTES

START TIME		END TIME		DATE	

COURSE NAME		YARDAGE	
WEATHER		TEMPERATURE	
LOCATION		PAR	
HANDICAP		TEES	
PLAYERS			

FRONT 9

HOLES	PAR	DRIVE	FAIRWAY	PUTTS	HAZARD	YARDAGE	STROKES
1							
2							
3							
4							
5							
6							
7							
8							
9							
TOTAL							

BACK 9

1							
2							
3							
4							
5							
6							
7							
8							
9							
TOTAL							
GRAND TOTAL							

ALBATROSS	EAGLES	BIRDIES	PARS	BOGEYS	DOUBLES	TRIPLES

NOTES

START TIME		END TIME		DATE	

COURSE NAME		YARDAGE	
WEATHER		TEMPERATURE	
LOCATION		PAR	
HANDICAP		TEES	
PLAYERS			

FRONT 9

HOLES	PAR	DRIVE	FAIRWAY	PUTTS	HAZARD	YARDAGE	STROKES
1							
2							
3							
4							
5							
6							
7							
8							
9							
TOTAL							

BACK 9

	PAR	DRIVE	FAIRWAY	PUTTS	HAZARD	YARDAGE	STROKES
1							
2							
3							
4							
5							
6							
7							
8							
9							
TOTAL							
GRAND TOTAL							

ALBATROSS	EAGLES	BIRDIES	PARS	BOGEYS	DOUBLES	TRIPLES

NOTES

START TIME		END TIME		DATE	

COURSE NAME		YARDAGE	
WEATHER		TEMPERATURE	
LOCATION		PAR	
HANDICAP		TEES	
PLAYERS			

FRONT 9

HOLES	PAR	DRIVE	FAIRWAY	PUTTS	HAZARD	YARDAGE	STROKES
1							
2							
3							
4							
5							
6							
7							
8							
9							
TOTAL							

BACK 9

	PAR	DRIVE	FAIRWAY	PUTTS	HAZARD	YARDAGE	STROKES
1							
2							
3							
4							
5							
6							
7							
8							
9							
TOTAL							
GRAND TOTAL							

ALBATROSS	EAGLES	BIRDIES	PARS	BOGEYS	DOUBLES	TRIPLES

NOTES

START TIME		END TIME		DATE	

COURSE NAME		YARDAGE	
WEATHER		TEMPERATURE	
LOCATION		PAR	
HANDICAP		TEES	
PLAYERS			

FRONT 9

HOLES	PAR	DRIVE	FAIRWAY	PUTTS	HAZARD	YARDAGE	STROKES
1							
2							
3							
4							
5							
6							
7							
8							
9							
TOTAL							

BACK 9

1							
2							
3							
4							
5							
6							
7							
8							
9							
TOTAL							
GRAND TOTAL							

ALBATROSS	EAGLES	BIRDIES	PARS	BOGEYS	DOUBLES	TRIPLES

NOTES

START TIME		END TIME		DATE	

COURSE NAME		YARDAGE	
WEATHER		TEMPERATURE	
LOCATION		PAR	
HANDICAP		TEES	
PLAYERS			

FRONT 9

HOLES	PAR	DRIVE	FAIRWAY	PUTTS	HAZARD	YARDAGE	STROKES
1							
2							
3							
4							
5							
6							
7							
8							
9							
TOTAL							

BACK 9

	PAR	DRIVE	FAIRWAY	PUTTS	HAZARD	YARDAGE	STROKES
1							
2							
3							
4							
5							
6							
7							
8							
9							
TOTAL							
GRAND TOTAL							

ALBATROSS	EAGLES	BIRDIES	PARS	BOGEYS	DOUBLES	TRIPLES

NOTES

START TIME		END TIME		DATE	

COURSE NAME		YARDAGE	
WEATHER		TEMPERATURE	
LOCATION		PAR	
HANDICAP		TEES	
PLAYERS			

FRONT 9

HOLES	PAR	DRIVE	FAIRWAY	PUTTS	HAZARD	YARDAGE	STROKES
1							
2							
3							
4							
5							
6							
7							
8							
9							
TOTAL							

BACK 9

	PAR	DRIVE	FAIRWAY	PUTTS	HAZARD	YARDAGE	STROKES
1							
2							
3							
4							
5							
6							
7							
8							
9							
TOTAL							
GRAND TOTAL							

ALBATROSS	EAGLES	BIRDIES	PARS	BOGEYS	DOUBLES	TRIPLES

NOTES

START TIME		END TIME		DATE	

COURSE NAME		YARDAGE	
WEATHER		TEMPERATURE	
LOCATION		PAR	
HANDICAP		TEES	
PLAYERS			

FRONT 9

HOLES	PAR	DRIVE	FAIRWAY	PUTTS	HAZARD	YARDAGE	STROKES
1							
2							
3							
4							
5							
6							
7							
8							
9							
TOTAL							

BACK 9

	PAR	DRIVE	FAIRWAY	PUTTS	HAZARD	YARDAGE	STROKES
1							
2							
3							
4							
5							
6							
7							
8							
9							
TOTAL							
GRAND TOTAL							

ALBATROSS	EAGLES	BIRDIES	PARS	BOGEYS	DOUBLES	TRIPLES

NOTES

START TIME		END TIME		DATE	

COURSE NAME		YARDAGE	
WEATHER		TEMPERATURE	
LOCATION		PAR	
HANDICAP		TEES	
PLAYERS			

FRONT 9

HOLES	PAR	DRIVE	FAIRWAY	PUTTS	HAZARD	YARDAGE	STROKES
1							
2							
3							
4							
5							
6							
7							
8							
9							
TOTAL							

BACK 9

HOLES	PAR	DRIVE	FAIRWAY	PUTTS	HAZARD	YARDAGE	STROKES
1							
2							
3							
4							
5							
6							
7							
8							
9							
TOTAL							
GRAND TOTAL							

ALBATROSS	EAGLES	BIRDIES	PARS	BOGEYS	DOUBLES	TRIPLES

NOTES

START TIME		END TIME		DATE	

COURSE NAME		YARDAGE	
WEATHER		TEMPERATURE	
LOCATION		PAR	
HANDICAP		TEES	
PLAYERS			

FRONT 9

HOLES	PAR	DRIVE	FAIRWAY	PUTTS	HAZARD	YARDAGE	STROKES
1							
2							
3							
4							
5							
6							
7							
8							
9							
TOTAL							

BACK 9

1							
2							
3							
4							
5							
6							
7							
8							
9							
TOTAL							
GRAND TOTAL							

ALBATROSS	EAGLES	BIRDIES	PARS	BOGEYS	DOUBLES	TRIPLES

NOTES

START TIME		END TIME		DATE	

COURSE NAME		YARDAGE	
WEATHER		TEMPERATURE	
LOCATION		PAR	
HANDICAP		TEES	
PLAYERS			

FRONT 9

HOLES	PAR	DRIVE	FAIRWAY	PUTTS	HAZARD	YARDAGE	STROKES
1							
2							
3							
4							
5							
6							
7							
8							
9							
TOTAL							

BACK 9

1							
2							
3							
4							
5							
6							
7							
8							
9							
TOTAL							
GRAND TOTAL							

ALBATROSS	EAGLES	BIRDIES	PARS	BOGEYS	DOUBLES	TRIPLES

NOTES

START TIME		END TIME		DATE	

COURSE NAME		YARDAGE	
WEATHER		TEMPERATURE	
LOCATION		PAR	
HANDICAP		TEES	
PLAYERS			

FRONT 9

HOLES	PAR	DRIVE	FAIRWAY	PUTTS	HAZARD	YARDAGE	STROKES
1							
2							
3							
4							
5							
6							
7							
8							
9							
TOTAL							

BACK 9

	PAR	DRIVE	FAIRWAY	PUTTS	HAZARD	YARDAGE	STROKES
1							
2							
3							
4							
5							
6							
7							
8							
9							
TOTAL							
GRAND TOTAL							

ALBATROSS	EAGLES	BIRDIES	PARS	BOGEYS	DOUBLES	TRIPLES

NOTES

START TIME		END TIME		DATE	

COURSE NAME		YARDAGE	
WEATHER		TEMPERATURE	
LOCATION		PAR	
HANDICAP		TEES	
PLAYERS			

FRONT 9

HOLES	PAR	DRIVE	FAIRWAY	PUTTS	HAZARD	YARDAGE	STROKES
1							
2							
3							
4							
5							
6							
7							
8							
9							
TOTAL							

BACK 9

1							
2							
3							
4							
5							
6							
7							
8							
9							
TOTAL							
GRAND TOTAL							

ALBATROSS	EAGLES	BIRDIES	PARS	BOGEYS	DOUBLES	TRIPLES

NOTES

START TIME		END TIME		DATE	

COURSE NAME		YARDAGE	
WEATHER		TEMPERATURE	
LOCATION		PAR	
HANDICAP		TEES	
PLAYERS			

FRONT 9

HOLES	PAR	DRIVE	FAIRWAY	PUTTS	HAZARD	YARDAGE	STROKES
1							
2							
3							
4							
5							
6							
7							
8							
9							
TOTAL							

BACK 9

1							
2							
3							
4							
5							
6							
7							
8							
9							
TOTAL							
GRAND TOTAL							

ALBATROSS	EAGLES	BIRDIES	PARS	BOGEYS	DOUBLES	TRIPLES

NOTES

Printed in Great Britain
by Amazon

15534234R00070